AF264171

NOTICE

SUR

M. ANTOINE MOREAU

CURÉ DE SAINT-LAURENT DE MONTOIRE

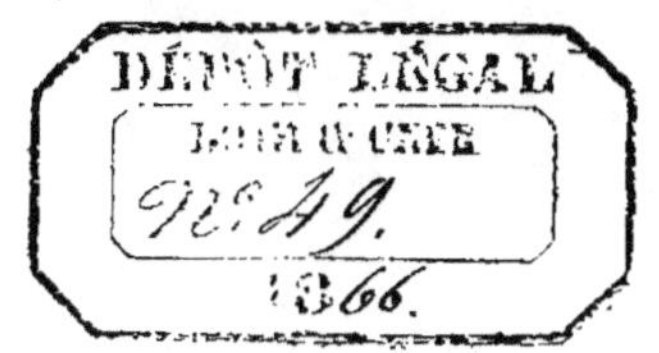

NOTICE

SUR

M. ANTOINE MOREAU

CURÉ DE LA PAROISSE DE SAINT-LAURENT DE MONTOIRE

DÉDIÉE

A LA SOCIÉTÉ ARCHÉOLOGIQUE DU VENDOMOIS

PAR

L'abbé C^t BOURGOGNE

Membre de cette Société et Curé de Villavard

———◦✦◦———

VENDOME

IMPRIMERIE LEMERCIER

1867

NOTICE

SUR

M. ANTOINE MOREAU

CURÉ DE SAINT-LAURENT DE MONTOIRE

L'ancienne chapelle de l'hospice de Montoire, qui est actuellement la salle de la Justice de Paix, a possédé pendant 164 ans le corps de M. Antoine Moreau, curé de la paroise de Saint-Laurent de cette ville, et fondateur de la Congrégation des Sœurs de la Charité de Montoire. Mais Dieu, trouvant sans doute que les restes de son serviteur n'étaient pas assez honorés, a permis qu'ils fussent transportés dans l'établissement principal des religieuses, qui le vénèrent comme leur père.

Le 24 mai 1866, quelques-unes de ces religieuses, accompagnées de leur aumônier, firent retirer, du lieu où ils reposaient, les ossements de leur fondateur, pour les placer avec honneur dans la chapelle de leur Maison-Mère, établie à Bourges depuis le commencement du siècle [1]. Cet événement, comme on doit le penser, a causé de

[1] La ville de Montoire posséda jusqu'en 1790 la Maison-Mère des Sœurs de M. Moreau, qu'on a toujours appelées les Religieuses de la Charité de Montoire.

vifs regrets dans la ville de Montoire. Témoin de ces regrets, et ayant eu entre les mains plusieurs biographies
de M. Moreau, nous avons composé sur ce saint prêtre
une courte Notice (que nous dédions à la Société Archéologique du Vendomois), comme souvenir des œuvres mé-
morables qu'il a opérées, pendant quarante ans, dans la
paroisse de Saint-Laurent et aux environs.

M. Antoine Moreau naquit à Paris, le 12 mai 1625,
d'une famille de la bourgeoisie. Il embrassa d'abord la
carrière des armes, et s'y distingua par un grand courage
et une rare générosité ; mais, ayant compris à quels dangers
son âme était exposée dans l'état militaire, il y renonça
bientôt, et entra dans le clergé. Après avoir montré les
vertus que Dieu demande de ses ministres, il fut élevé au
sacerdoce et pourvu de la petite cure de Saint-Lubin de
Suèvres-sur-Loire. A cette époque, suivant une tradition
du Blaisois, son zèle l'aurait mis en relation avec saint
Vincent de Paul. Il administrait avec sagesse et piété sa
paroisse de Saint-Lubin, lorsque Dieu l'appela à un poste
plus important.

Nous ne pouvons omettre l'événement qui détermina la
nomination de M. Moreau à la cure de Saint-Laurent de
Montoire. Ce saint prêtre passait dans cette ville, lors-
qu'une foule nombreuse se pressait autour d'une troupe de
baladins, qui obtenaient de grands succès par leurs bouf-
fonneries indécentes. A cette vue, transporté d'indigna-
tion, il s'élança sur les tréteaux, un crucifix à la main, et
en un instant, par un discours plein d'une onction apos-
tolique, il fit changer les sentiments de la multitude, qui
conçut une si haute idée de sa sainteté, qu'elle voulut
l'avoir pour curé. Tous les obstacles qui s'opposaient au

désir et à la demande des fidèles de Saint-Laurent furent
promptement levés, et M. Moreau dut se soumettre à la
volonté de Dieu (1660).

Dans ce nouveau poste, ce prêtre zélé montra toutes les
qualités d'un pasteur accompli. Durant la disette et les
maladies de 1662, il déploya une activité et un dévouement sans bornes. Cette disette de 1662 fut affreuse. Elle
affligea toute la France; mais elle se fit ressentir surtout
dans le Maine, le Vendomois et la Touraine. Dans la ville
du Mans, quatre mille pauvres moururent des privations
qu'ils éprouvèrent; le pain noir valait jusqu'à cinq sous la
livre. Alors une foule de malheureux, rapportent des
écrivains contemporains, erraient dans les campagnes,
disputant aux animaux les plus vils aliments. Beaucoup
essayèrent de se nourrir d'herbe, et succombèrent sur les
chemins, où leurs cadavres restèrent abandonnés comme
un épouvantail pour les passants.

Avec la disette survinrent bientôt des maladies conta-
gieuses qui firent de très-grands ravages.

Tout le temps que durèrent ces terribles fléaux, M. Moreau ne recula ni devant la fatigue ni devant le danger. Il
volait le jour et la nuit auprès des malades, leur portait
des paroles de consolation, les fortifiait dans leur fai-
blesse, sanctifiait leurs souffrances, et leur ouvrait le sein
des miséricordes divines.

Ce fut pendant cette même année 1662 que le généreux
curé de Montoire fit le voyage de Paris, et présenta re-
quête au roi lui-même sur les misères du peuple. Pendant
son séjour à Paris, il parla aux princesses de Condé et de
Conti, à la duchesse d'Aiguillon, à la présidente de Herse,
à mesdemoiselles de Viol et de Lamoignon, et à d'autres

dames, toutes consacrées aux œuvres de charité. Il en obtint des secours qui montèrent jusqu'à la somme de 6000 livres, c'est-à-dire 14,820 fr. de notre monnaie. M. Dubois de Lestourmières, auteur de mémoires précieux pour le Vendomois, ami et coopérateur de M. Moreau, n'a pu s'empêcher de le comparer à saint Paul, que dévorait le zèle du service de Dieu. Une dame, que ses brillantes qualités avaient fait admirer de toute la ville de Montoire, Marguerite Delbeau de la Touche, entièrement gagnée à Dieu par son pasteur, devint l'émule de sa charité. Elle se consacra au soulagement des malheureux, et, après sa mort prématurée, fut honorée comme une sainte par la population, témoin de ses vertus (1662).

Ce fut en partie pour remplir le vide causé par la mort de cette pieuse dame, que M. Moreau fonda la Congrégation des Sœurs de la Charité de Montoire, qui s'astreignaient par vœu à travailler au soulagement des malades et à l'instruction des enfants. Il obtint pour elles des lettres patentes, et leur dressa des Règles, qui furent complétées et modifiées par des Statuts de plusieurs évêques du Mans. Cette Congrégation comptait, en 1790, trois établissements dans le diocèse du Mans, et quarante-cinq dans six autres diocèses : Blois, Orléans, Bourges, Paris, Rennes et La Rochelle.

La fondation de cette pieuse Congrégation n'enleva pas aux autres œuvres paroissiales l'activité de M. Moreau. La contrée entière ressentit le fruit de son zèle. Il trouva moyen de faire abattre le temple protestant de Montoire. Cette ville, en effet, était alors une des villes désignées aux huguenots; ils y avaient un prêche et un cimetière, et plusieurs de leurs ministres les plus habiles y firent leur résidence. A l'époque où M. Moreau prit possession de la cure de Saint-Laurent, les hérétiques formaient le tiers de la population ; à sa mort, il ne restait plus que trois ou quatre familles engagées dans l'erreur. Ce fut lui qui ramena à l'Église les marquis de Cogners et de Thouars. Ce dernier ne se rendit à la vérité de la Foi qu'avec une peine extrême ; mais, dès qu'il eut abjuré l'hérésie, il édifia la contrée par sa vie toute de bonnes œuvres.

M. Antoine Moreau rendit son âme à Dieu, après quarante ans de travaux assidus dans la paroisse Saint-Laurent. Son corps fut inhumé dans la chapelle des Sœurs de la Charité, qui est devenue, ainsi que nous l'avons dit plus haut, la salle de la Justice de Paix, et l'on grava cette inscription sur sa tombe :

« Ci-gît le père des pauvres, maître Antoine Moreau, « fondateur et instituteur de la Congrégation dont cette « Maison est Chef et Mère, décédé le 25 mars 1702. »

Un des murs de la chapelle, à l'endroit sans doute où avait été placé le cœur de M. Moreau, portait une tablette de marbre, sur laquelle était gravé un cœur, et on lisait cette épitaphe :

« A la mémoire de feu messire Antoine Moreau, bache- « lier en théologie, curé de Saint-Laurent de Montoire, « doyen rural de Tròo, fondateur des Filles de la Cha- « rité. »

Cy git ce bon pasteur que l'amour de son Dieu [1]
Comme un astre brillant a fait luire en ce lieu.

[1] Nous avons conservé l'orthographe de l'épitaphe.

Les raions de vertu qui sortoient de son âme
Jusque sur son prochain ont fait voler leur flame.
D'un feu si saint, Moreau vivement pénétré,
Du vice et de l'erreur fut l'ennemi juré ;
Partout il combatit ces deux monstres horribles,
Qui cédèrent enfin à ses efforts terribles.
Si l'ardeur de son zèle et de sa charité,
A soumis les grandeurs à son activité,
Du même feu sortit une lumière vive,
Une foi douce et pure et qui sans cesse active
Lui fit apercevoir son Dieu dans l'iudigent,
Et mépriser pour lui son or et son argent.
En donnant à ses filles une règle assurée
Il en fit de Jésus les épouses sacrées.
Il repose où ce Dieu par ses soins est servi,
Mort comme il a vécu, son amour l'a suivi.
Que dis-je il n'est pas mort, il a changé de vie,
Meurt-on quand par l'amour l'âme aux cieux est ravie.

La tablette de marbre sur laquelle on lit cette épitaphe
a été placée depuis dans une salle de l'hospice, dont le
saint prêtre est un des plus généreux bienfaiteurs [1]. Des
grâces singulières, attribuées à sa protection et à son invo-
cation, autorisent la vénération que les habitants de Mon-

---

[1] On peut, en effet, affirmer que ce fut par les soins et l'activité de M. Moreau que, sous les dernières années de son mi-
nistère, l'hôtel-Dieu de Montoire fut définitivement constitué
par l'union de plusieurs anciennes maladreries, notamment
de celles de la Madeleine et de Saint-Léonard de Montoire,
de celles de Tròo, des Roches-l'Evêque et de Lavardin. (Voy.
Cauvin, Statistique des Etablissements de Charité de l'ancien
diocèse du Mans.)

toire ont conservée pour leur ancien pasteur. Les ossements du saint curé ne reposent plus dans la paroisse qu'il a longtemps administrée; ils sont actuellement placés à Bourges, dans la chapelle des Sœurs de la Charité, avec la pierre funéraire qui les couvrait et la tablette de marbre sur laquelle on lit l'épitaphe en vers que nous avons fait connaître. Cependant quelques-uns de ces ossements, échappés à des recherches faites avec trop de précipitation, ont pu être recueillis et conservés. M. le curé de Montoire a le projet de les déposer dans un tombeau qu'il élèvera, dans son église, à son vénéré prédécesseur. Non content de beaucoup approuver ce projet, nous croyons pouvoir, en finissant cette courte Notice, émettre un vœu qui est l'expression des désirs de toute la population de Montoire :

Nous formons le vœu de voir l'Administration de l'Hospice, ou le Conseil Municipal, ériger un monument à M. Antoine Moreau, au prêtre zélé qui, dans la ville de Montoire et les paroisses voisines, a opéré des prodiges de dévouement et de charité.

FIN

BIBLIOTHÈQUE IMPÉRIALE
IMPR.

9 782012 971516